AF245861

RÉCIT HISTORIQUE

DES

ÉVÉNEMENS POLITIQUES

QUI SE SONT PASSÉS A PARIS,

*Depuis le 30 Prairial, an 7, jusqu'à la fin de
la séance permanente du Corps législatif.*

RÉCIT HISTORIQUE

Des événemens politiques qui se sont passés à Paris, depuis le 30 Prairial, an 7, jusqu'à la fin de la Séance permanente du Corps législatif.

Elles appartiennent à l'histoire, ces journées mémorables qui ont vu renverser la puissance monstrueuse dont une des branches du gouvernement avoit eu l'art de s'investir ; et triompher, encore une fois, la cause de la liberté et de la constitution ! Un jour l'écrivain courageux, impartial et sage, développera les causes nombreuses qui ont nécessité ce paisible retour aux principes, dont on ne devroit jamais s'écarter, puisqu'il est vrai qu'on s'en écarte en vain. Sa plume tracera péniblement les maux qu'a produits leur oubli, et se reposera avec complaisance sur les heureux effets de leur réintégration. Elle dira si le Corps législatif, éclairé par les leçons d'une triste expérience, a su se maintenir à la hauteur de ses augustes fonctions, et conserver sa place dans la balance du gouvernement ; s'il a respecté la Constitution et les principes éternels qui en sont la base ; s'il a sauvé enfin la patrie, exposée aux plus imminens dangers.

Elle dira si les nouveaux directeurs, instruits par les fautes de leurs prédécesseurs, se sont renfermés dans les bornes que leur a tracées la Constitution ; s'ils ont respecté les lois, en les faisant exécuter ; s'ils ont violé la liberté individuelle des citoyens, par des actes arbitraires ; s'ils ont enchaîné la pensée, par l'esclavage de la presse ; s'ils ont puni les dilapidateurs de la fortune publique , et les désorganisateurs de nos armées ; s'ils ont su , par des mesures sages et prudentes , conserver à la nation françoise le premier rang dans l'ordre politique.

Mais elle dira aussi comment le peuple françois a répondu à la voix de ses législateurs. Elle dira si , abjurant leur fatal égoïsme , leur criminelle apathie , leur imperturbable frivolité , les citoyens se sont empressés de satisfaire aux charges de l'Etat ; s'ils ont rendu aux armées les hommes qu'elles réclament et que la loi y appelle ; s'ils ont fait au salut de tous , le sacrifice de leurs funestes divisions , de leurs haines , de leurs animosités , de leurs vengeances ; s'ils se sont réunis pour repousser l'ennemi commun , et forcer à la paix les rois coalisés contre leur liberté.

Sur son récit fidèle , la postérité nous jugera. Elle prononcera si nous fûmes , dans ce moment, dignes de la cause sublime que nous défendons.

Laissant donc au Génie le soin de tracer ce vaste tableau , nous nous bornerons à réunir les matériaux précieux , destinés à guider ses pinceaux.

Puissent nos concitoyens , en voyant les dangers qu'ils ont courus et les espérances auxquelles ils peuvent se livrer , trouver dans le passé des leçons pour l'avenir , et sur-tout en profiter !

Depuis long-tems la voix lente , mais sûre , de l'opinion publique , s'élevoit contre la tyrannie exercée par le directoire. Comprimée par la crainte , elle parloit bas et seulement dans le secret des familles , ou dans le sein de l'amitié. Mais les actes arbitraires les plus révoltans , multipliés à l'infini , l'ont forcée d'éclater. L'excès du mal a amené le remède. La sollicitude du Corps législatif a été réveillée par les dangers qui menaçoient la patrie. Il a mis un terme à cette dictature , dont le directoire avoit été investi pour sauver l'état , et dont il sembloit ne faire usage que pour le perdre. Un instant a vu briser ce colosse redoutable , dont la main de fer plaçoit partout l'oppression , mais dont la base étoit fragile , parce qu'elle reposoit sur l'injustice et la violence.

La longue série des abus qui s'étoient introduits dans le gouvernement , avec la rapidité la plus effrayante , fera sentir la justice des plaintes du peuple et la nécessité de faire droit à ses réclamations.

Le gouvernement avoit perdu cet équilibre sage , qui est sa force et son essence. On n'appercevoit plus que le Directoire exécutif. Le Corps législatif étoit nul.

Les choix du peuple étoient méconnus , dédaignés et annullés. Des commissaires étoient envoyés pour troubler les élections , ou les diriger au gré des gouvernans.

La liberté politique n'étoit plus qu'un vain nom. La force armée s'introduisoit dans les assemblées du peuple. Les citoyens , que les gouvernans redoutoient , étoient , à l'époque des élections , ou jetés dans les prisons , ou même inscrits sur la liste des émigrés.

La liberté civile n'existoit point. La faculté de penser et d'écrire étoit anéantie. Les citoyens , arrêtés sans les formes voulues par les lois , étoient incarcérés des années entières dans de nouvelles bastilles , sans pouvoir jouir du bénéfice que leur garantit la Constitution.

Tous les pouvoirs , en un mot , étoient accumulés dans les mêmes mains ; et ces mains en avoient tellement abusé , que les plaintes contre l'oppression étoient transformées en crimes.

Cet état de choses étoit à-la-fois trop injuste et trop violent, pour durer encore. De tous les points de la France, un cri général s'est élevé ! L'indignation publique , long-

tems concentrée , a doublé d'énergie à la vue des revers ,
que nos armées n'ont éprouvés , que par suite des abus
monstrueux , dont les agens nombreux du pouvoir exécutif n'ont pas craint de se rendre coupables. Le premier
pas seul coûtoit à faire ; car, la force des oppresseurs n'est
que la foiblesse des opprimés. Bientôt les révélations les
plus extraordinaires ont démontré la nécessité d'arrêter ,
dans son cours , ce torrent de maux et de dangers. Le
Corps législatif a repris l'attitude qui lui convient et que lui
prescrit la Constitution. Une discussion lumineuse a dé-
couvert les racines du mal, et indiqué les remèdes. C'est
cette séance mémorable , les discours qui y ont été pro-
noncés , et les lois qu'elle a produites , que nous allons
retracer à la mémoire de nos lecteurs.

Dans la séance du 17 Prairial , le Conseil des Cinq-Cents
adressa au Directoire le message suivant :

Citoyens Directeurs ,

Le gouvernement françois est institué pour assurer la
conservation et le bien-être du peuple.

Le Corps législatif et le Directoire exécutif forment les
deux parties principales de ce gouvernement. Ces deux
autorités ont besoin de s'entendre , et doivent marcher de
concert pour remplir le but commun de leur institution.
Les moyens de correspondance sont réglés par la constitution , ainsi que l'attribution respective des deux autorités.

Ainsi le Corps législatif fait les lois , et le Directoire les
exécute : ainsi le Directoire est spécialement chargé de
pourvoir , d'après ces lois , à la sûreté intérieure et extérieure de la République.

Quant à la sûreté extérieure , le Directoire est encore

placé spécialement par la constitution comme une sorte d'avant-garde , comme une première sentinelle , pour observer les desseins et les mouvemens des autres peuples ; et quand il s'apperçoit qu'ils compromettent l'existence et les justes droits de la nation , il peut agir seul provisoirement pour sa garantie ; mais il doit , dans ce cas , avertir sans délai le Corps législatif , qui prend alors les mesures qu'il croit les plus convenables à la conservation et à la dignité du peuple qu'il représente.

Citoyens directeurs , tout annonce que la sûreté de la nation est menacée au dehors ; et que sa tranquillité intérieure peut être compromise.

Au dehors , nous avons à soutenir une guerre violente : il y a six mois , nous étions par-tout victorieux ; il paroît qu'aujourd'hui l'ennemi a sur nous des avantages.

La voix publique nous annonce que quelques puissances qui , jusqu'ici , n'avoient pris aucune part , au moins apparente , à la guerre , sont contre nous dans un état d'hostilité , non-seulement imminente , mais réelle.

Dans cette circonstance , le Conseil des Cinq-Cents s'attendoit aux communications prescrites par la constitution, et il n'en a pas encore reçu.

Citoyens directeurs , vous sentez , sans doute , qu'il ne convient pas à la grandeur du peuple françois d'avoir , devant les autres peuples , une attitude humiliée. Il faut donc qu'il reprenne celle que la nature , sa force, son courage et son industrie lui destinent.

Au dedans , la notoriété publique nous apprend également que , dans plusieurs parties de la République , il existe de l'inquiétude et même de la fermentation. La même notoriété nous en dénonce diverses causes ; mais avant de prendre aucune mesure à cet égard , le Conseil croit devoir vous demander des renseignemens sur celles de ces causes qui

A 4

sont à votre connoissance, ainsi que l'indication des moyens que vous croyez les plus propres à prévenir les troubles qui pourroient en résulter.

Dans cet état de choses, un plus long silence de votre part seroit inquiétant pour le peuple et le Corps législatif.

Nous vous invitons, en conséquence, à nous donner, sans délai, des éclaircissemens sur le double sujet de nos sollicitudes.

Le Conseil des Cinq - Cents approuve dans la même séance, la rédaction d'une adresse du Corps législatif au Peuple françois. Cette résolution est adoptée de suite par le Conseil des Anciens ; elle est ainsi conçue :

Françoi s,

Le moment est arrivé où vos représentans ne peuvent plus, sans crime, se renfermer dans les bornes du silence ; où se taire, seroit non seulement une calamité, mais encore un délit public ; où parler au peuple est pour nous le plus pressant, comme le plus saint des devoirs. La liberté que vous avez conquise au prix de tant de sang et de sacrifices, est de nouveau menacée ; et notre commune patrie, si long-tems triomphante, est exposée à de nouveaux périls. Deux mois se sont à peine écoulés entre l'Italie républicaine et victorieuse sous nos drapeaux, et l'Italie envahie par un farouche vainqueur.

L'ambitieuse et sanguinaire maison d'Autriche ; l'Anglois, ces ingénieux et perfides artisans de tous les crimes politiques, ont associé à leurs projets la Porte et la Russie ; et, par une alliance bizarre, ils se sont promis de se partager le territoire de la France : en sorte qu'il ne s'agit pas seulement pour vous de savoir si vous serez libres ou esclaves, mais si vous serez François ou Autrichiens : si vous conserverez vos propriétés , ou si vous deviendrez celle d'un conquérant barbare , qui vous enchaîneroit à sa glèbe , et vous forceroit de marcher sous son étendard.

L'étranger ne tient pas compte des diverses opinions qui ont pu vous diviser : il les confond toutes dans une haine commune. Il suffit que vous soyez François, pour que vous soyez coupables : il suffit que vous soyez industrieux ou riches, pour qu'il desire vos dépouilles ; que vous soyez libres , pour qu'il désire votre servitude ; et tel qui , dans le vœu secret d'un cœur corrompu , appelle l'étranger dans l'intérieur , verroit , si son vœu étoit rempli , sa maison incendiée , ses enfans égorgés par les barbares qu'il auroit eu la folie de regarder comme ses libérateurs. Le but de la nouvelle coalition est de rappeler en Europe l'antique barbarie ; de détruire toutes les lumières et toutes les ré-publiques ; d'effacer de la surface de la terre tous les mo-numens , toutes les institutions qui peuvent retracer de grands souvenirs ; de bannir des cœurs tous les sentimens généreux et libéraux ; d'évoquer tous les préjugés et toutes les superstitions ; et au milieu de cette nuit épaisse , d'ag-grandir , de fortifier deux ou trois trônes sanglans , aux-quels on attacheroit une noblesse oppressive , une féodalité ruineuse , un fisc inquisiteur , et tout l'affreux cortége de la misère et de la servitude. L'assassinat de nos plénipo-tentiaires négociant la paix , vous donne la mesure de ce qu'ils feroient contre un peuple en état d'hostilité. Res-pecteroient-ils les droits des gens , ceux qui n'ont pas res-pecté les droits des nations ? Connoissent-ils les lois de la guerre, ceux qui ont porté des poignards sacriléges sur des cœurs qui ne respiroient que la paix ? Cette guerre est donc la cause de tous les François ; et il n'y en a pas un seul , quelle que soit d'ailleurs son opinion politique , qui n'ait tout à perdre par un envahissement qui les confondroit dans une ruine comme dans une servitude commune.

François, souvenez-vous des faits héroïques qui vous ont élevés à la première place entre les nations. Vous avez eu à combattre l'Europe entière, à étouffer en même-tems plusieurs guerres civiles, à lutter contre tous les fléaux de la nature.... Vous voulûtes, et vous fûtes victorieux.... La grande nation envoya ses enfans, et ses enfans suffirent pour renverser, pour détruire les colosses que les rois leur opposoient, et pour porter dans les régions les plus éloignées, [les armes et la gloire françoises. Aujourd'hui vous avez à combattre des ennemis plus odieux encore : ces hordes sauvages que le Nord a vomies, et que le Midi ensevelira ; ces bandes d'assassins qui se sont placées hors la paix des nations, pourront-elles vous résister ; à vous, qui voyez dans le passé de si sublimes exemples, et dans l'avenir, une suite de maux si déplorables, si vous pouviez succomber ; à vous, qui êtes enflammés par la plus belle des causes et par la plus noble des passions, à vous enfin, qui êtes mus par le plus pressant des intérêts, celui de la sûreté personnelle ?

François, qui habitez les Alpes, et qui avez couru à la défense de ces boulevarts dont la nature s'est plu à couvrir notre patrie, précipitez du haut de ces montagnes vos féroces ennemis, et qu'ils tombent avec les torrens qui roulent de leurs sommets. Nos armées ont pu être surprises en Italie, mais elles n'ont pas été vaincues : dirigées par un autre ministre, commandées par d'habiles généraux, renforcées par de nouveaux guerriers dont elles voient tous les jours leurs phalanges s'accroître, elles reprendront bientôt le cours de leurs victoires. Mais l'intérieur étant la source qui alimente et fortifie les armées, c'est lui qu'il faut animer et vivifier. Que les amis de la liberté, trop long-tems proscrits, poursuivis par les royalistes, se montrent avec le front qui sied à la vertu , et avec le juste or-gueil d'avoir servi leur pays ; que les acquéreurs des domaines nationaux sentent qu'ils n'ont pas de grâce à espérer auprès de l'étranger ; que tout ce qui a déjà servi la révolution , la soutienne encore , et juge du sort que les rois leur préparent , par les poignards que leurs sicaires lèvent depuis long-tems sur leurs têtes. Que celui qui a des lumières , éclaire ses concitoyens ; que celui qui a de l'énergie , les électrise ; que celui qui a de la force , les défende ; que celui qui a de la fortune , les aide ; et qu'à ce développement de toutes les facultés physiques et morales , l'ennemi reconnoisse le peuple françois ; que tous les hommes désignés par la loi pour marcher aux frontières , obéissent à son commandement ; que les lâches soient poursuivis , les impositions payées , les royalistes surveillés , les perturbateurs comprimés, les assassins arrêtés et punis ; et que le gouvernement soit aidé , non-seulement de tous les moyens que le devoir commande , mais encore de tous ceux que le zèle suggère.

C'est vainement qu'on chercheroit encore à jeter de la défaveur sur les purs républicains , par les épithètes usées et banales dont on ne cesse de les poursuivre. Le Corps législatif ne sera pas trompé par ces manœuvres, qui , en jetant le découragement dans l'ame des républicains , rehaussant le courage des royalistes , mirent plusieurs fois la République en péril. Il ne s'agit pas de déchaîner les passions révolutionnaires, mais d'enflammer toutes les affections libérales et généreuses , et de faire que la liberté ne soit pas le patrimoine de quelques-uns, mais le domaine de tous les François.

Le vœu de vos représentans est , que la loi soit le droit, comme elle est le devoir de tous , et que personne ne puisse l'invoquer en vain , ni la violer impunément. Vous avez vu cette année avec quel respect religieux tous les choix que vous avez faits , ont été respectés par vos représentans. Les scissions , les minorités , toutes les trames de l'ambition sont venues se briser contre le principe tutélaire, qui a par-tout fait triompher les majorités légales. Des lois seront faites pour prévenir, les années suivantes , les déchiremens qu'occasionnent les scissions. Des plaintes nombreuses se sont élevées sur la conduite de plusieurs agens du Directoire exécutif, accusés de dilapidations et de rapines , tant dans l'intérieur , que chez les républiques alliées. La loi mettra les coupables sous la main de la justice, et le Directoire exécutif dissipera cette nuée de vautours qui suivent les armées , et assiégent toutes les avenues des caisses et toutes les portes de la puissance.

La responsabilité des agens exécutifs sera organisée ; les comptes des ministres seront solennellement publiés et sévérement examinés ; la plus rigoureuse économie sera apportée dans la fixation des dépenses ; la liberté des personnes et des opinions sera garantie par des lois sévères : mais les grands moyens d'administration et d'exécution sont entre les mains du Directoire exécutif, et fidèles observateurs de la constitution, nous ne sortirons pas des limites dans lesquelles elle a circonscrit nos devoirs , comme le Directoire exécutif n'en sortira jamais lui même. La tyrannie commence là où les pouvoirs sont envahis ou cumulés ; la liberté de tous, comme la sûreté de chacun , est dans l'équilibre des pouvoirs ; et c'est toujours à quelques causes qui l'ont dérangé ou qui l'empêchent de se rétablir, qu'on doit imputer les fautes et les revers.

François , les difficultés qui nous environnent sont grandes , mais le courage de vos représentans est plus grand encore ; ils ne peuvent avoir d'autre crainte , que celle de ne pas remplir leurs devoirs ; d'autre passion , que celle de vous voir libres et triomphans ; et ils ont fait le serment de vous sauver ou de périr.

Le 28 Prairial le Conseil des Cinq-Cents fait un message au Directoire , pour lui annoncer qu'il se met en permanence jusqu'à ce qu'il ait reçu la réponse à son message du 17.

Le Conseil des Anciens , instruit par un message du Conseil des Cinq-Cents , se constitue aussi en permanence.

Le Directoire envoie le même jour , à sept heures du soir , le message suivant :

Citoyens Représentans ,

Le Directoire s'occupoit de la réponse à votre message du 17 de ce mois , et il espéroit être en état de vous l'adresser primidi ; mais, d'après votre nouveau message , il se constitue lui-même en permanence, et vous recevrez dès demain les renseignemens que vous desirez.

A onze heures du soir , Bergasse - Laziroulle , au nom des deux commissions réunies , dit :

Au nom de vos commissions réunies, je viens vous faire part du résultat de leurs conférences, et vous proposer les mesures qu'elles ont cru les plus propres à sauver la patrie des dangers qui la menacent. Ces mesures consistent dans une prompte réparation de la violation de l'acte constitutionnel , qui a été faite par le corps législatif.

L'article 156 de la constitution est ainsi conçu : « A comp-
» ter du premier jour de l'an 5 de la république, les mem-
» bres du corps législatif ne pourront être élus membres
» du Directoire, soit pendant la durée de leurs fonctions

» législatives, soit pendant la première année , après l'expi-
» ration de ces mêmes fonctions. »

En contravention à une disposition aussi formelle , le
cit. Treilhard , qui étoit législateur en l'an 5 , a été nommé
le 26 floréal an 6 , membre du Directoire , et il est de fait
que ses fonctions législatives n'avoient expiré que le 3o floréal au 5 ; or , depuis le 5o floréal an 5 , jusqu'au 26 floréal
an 6 , il n'y a pas une année révolue. Ainsi il existe , dans la
nomination du citoyen Treilhard aux fonctions directo-
riales , une violation formelle , évidente , de l'acte constitutionnel.

Le rapprochement que les commissions ont fait de l'article précité , avec l'article 137 , a étayé leur assertion. Cet
article est ainsi conçu : « Le Directoire est partiellement
» renouvelé par l'élection d'un nouveau membre, chaque
année. » Ainsi , chaque année , et dans les cas ordinaires ,
la même session du Corps législatif ne doit nommer qu'un
membre du Directoire. Or , il est évident qu'en l'an 5 , la
même session en a nommé deux , savoir ; Barthélemy et
Treilhard , dans un renouvellement ordinaire.

Ainsi , il est évident que sous un double rapport , la
nomination du citoyen Treilhard est illégale et inconstitutionnelle. Il a suffi que ce fait ait été démontré à vos commissions , pour les décider à le déférer au Conseil , pour en
obtenir une prompte réparation. Ainsi , sans examiner les
qualités morales du citoyen Treilhard , les commissions
pensent qu'il faut déclarer sa place vacante , sauf à le réélire,
s'il y a lieu.

Une foule de voix: Appuyé. Aux voix.

Le rapporteur propose un projet , qui est adopté en ces
termes :

Art. I. L'acte du 26 floréal , an 6 , portant nomination

du citoyen Treilhard à la place de membre du directoire, est déclarée inconstitutionnelle et nulle.

II. En conséquence, ce directeur cessera sur-le-champ ses fonctions, et il sera procédé à son remplacement dans les formes prescrites par la Constitution.

III. La présente résolution sera imprimée et envoyée, séance tenante, au conseil des Anciens.

———————

A deux heures du matin, 29 prairial, le Conseil des Anciens reçoit la résolution ci-dessus, qui annulle l'élection du citoyen Treilhard. Une commission est nommée pour l'examiner. Elle est composée de Decomberousse, Régnier, Baudin, Boutteville, Bordas, Deydier et Jourdain.

A trois heures du matin, Decomberousse fait le rapport suivant :

Représentans du peuple,

Je viens, au nom de la commission que vous venez de nommer, vous rendre compte de l'examen qu'elle a fait de la résolution que vous lui avez renvoyée.

Cette résolution est prise sous la forme d'urgence ; les motifs en sont ainsi conçus :

« Le Conseil des Cinq-cents, considérant que le Corps » législatif est spécialement chargé du maintien de la cons- » titution, et que rien n'est plus instant que d'anéantir les » actes qui pourroient y porter atteinte, » Déclare qu'il y a urgence. »

Votre commission vous propose d'adopter l'acte d'urgence, d'après les motifs qui ont déterminé le Conseil des Cinq-cents.

La résolution déclare nulle et inconstitutionnelle la nomination du citoyen Treilhard à la place de membre du Directoire exécutif, faite le 26 floréal, an 6, comme contraire à l'article 136 de la constitution.

La commission a jeté les yeux sur l'article qui sert de base à cette disposition ; il est ainsi conçu : « A compter » du premier jour de l'an cinquième de la République, les » membres du Corps législatif ne pourront être *élus* mem- » bres du Directoire, ni ministres, soit pendant la durée » de leurs fonctions législatives, soit pendant la première » année après l'expiration de ces mêmes fonctions. »

La question s'est alors résolue en un seul point de fait. Le citoyen Treilhard, lors de sa nomination au Directoire, qui a eu lieu le 26 floréal, an 6, avoit-il cessé ses fonc- tions législatives depuis un an révolu ? Il est vérifié que ses fonctions législatives n'ont cessé que le 30 floréal, an 5 : dès-lors l'année entière n'étoit pas écoulée le 26 floréal, an 6 ; dès-lors, il se trouve dans le cas de l'article 136 de la constitution ; dès-lors enfin la constitution même com- mande de lui en faire l'application.

Ce n'est pas sans regrets que la commission est parvenue à ce résultat : elle reconnoît dans le citoyen Treilhard un fondateur de la République, et l'un de ses défenseurs ; mais le pacte social, mais la constitution, doivent écarter toute considération personnelle ; la loi doit planer sur toutes les têtes.

Votre commission vous propose, à l'unanimité, d'ap- prouver la résolution.

Elle est adoptée et envoyée de suite au Conseil des Cinq- Cents et au Directoire, par des messagers d'état.

Dans la même séance du 29 , le Conseil des Cinq-Cents reçoit un message du Directoire , dont voici une courte analyse.

Citoyens Représentans ,

Le Directoire exécutif auroit répondu plutôt à votre message du 17 de ce mois , sur la situation extérieure de la république , s'il n'eût été jaloux de vous présenter à-la-fois , avec les éclaircissemens sur les faits , l'ensemble des mesures les plus propres à remplir vos vues , et à prémunir ou à calmer toutes les inquiétudes que les circonstances ont pu faire naître : mais le soin même qu'il donnoit à la recherche des meilleurs moyens à proposer mettoit obstacle à la célérité du compte qu'il vouloit vous rendre. Pressé par votre message d'hier , et par le parti que vous avez pris d'en attendre la réponse en séance permanente , le Directoire exécutif se hâte de rédiger les idées qu'il avoit recueillies sur un si grand sujet , et il ne perd pas un moment pour vous les transmettre.

Le Directoire exécutif est convaincu comme vous , citoyens représentans , que les deux principales autorités de la République ont besoin de marcher de concert pour parvenir au but commun de leur institution , la conservation et le bonheur du peuple. Aussi, relativement à notre situation extérieure , le Directoire exécutif n'a-t-il pas oublié , lorsque les circonstances l'ont exigé , de se conformer à l'article 318 de la constitution , d'employer provisoirement les moyens mis à sa disposition contre les préparatifs ou les attaques de quelques puissances étrangères ; et , dans tous ces cas, il s'est empressé de prévenir le Corps législatif des mesures qu'il avoit prises. Si de nouveaux revers suscitoient encore à la République de nouveaux ennemis, le Directoire ne tromperoit pas vos espérances ; aussitôt qu'il en

B

seroit assuré, il feroit, sans délai, les nouvelles dispositions commandées par les circonstances, et vous en seriez
aussitôt avertis.

Quant à notre situation militaire, quelques efforts qu'ait
faits le Directoire exécutif, il lui a été impossible de sup-
pléer au defaut des fonds et du crédit nécessaires pour
réaliser à tems les augmentations de forces qu'il avoit de-
mandées.

Si les succès n'ont pas toujours couronné les républicains, malgré la constance de leur courage, l'impartialité
en trouvera sur-tout la cause dans cette plaie profonde qui
afflige l'Etat depuis si long-tems ; savoir, l'épuisement du
trésor public, épuisement qui n'a pas seulement nui aux
prompts développemens de notre force armée, mais au
succès même des négociations par lesquelles on auroit pu
seconder énergiquement la valeur de nos héros.

Il est pénible au Directoire de revenir sans cesse sur un
point déjà si souvent répété ; mais on sait trop que les
finances sont le nerf de la guerre ; et quand ce nerf man-
que, et quand, de plus, par la nature des discussions publiques, on est obligé d'en réitérer tant de fois le triste
aveu à la tribune, sans que le remède soit appliqué immé-
diatement à la révélation du mal ; cette révélation, saisie
avec avidité par les échos de l'étranger, devient une calamité de plus. Nos ennemis en ont fait, contre nous, une
arme terrible ; ils ont redoublé leurs efforts en proportion
de ce qu'ils nous voyoient forcés de réduire les nôtres.
Voilà une des principales causes de ces indécisions de la
victoire, au préjudice de la cause sacrée de la liberté.

On ne peut, sans doute, se flatter de maîtriser constamment la fortune. Souvent les peuples les plus grands et
les plus vertueux furent cruellement abandonnés par elle ;
mais presque toujours leurs revers furent les signes précur-

seurs de leur gloire et de leur puissance. Quelle en fut la raison ? C'est que, dès cet instant, tout dissentiment fut éteint, et tous les vœux confondus dans un seul, celui de servir efficacement la patrie.

Le Directoire exécutif ne doute pas que le même ralliement n'ait lieu entre tous les Français, et qu'ils n'opposent au redoublement des efforts de la coalition un redoublement d'énergie républicaine : mais pour donner à ce grand mouvement national une impulsion utile, il y a des mesures à prendre qui exigent un accord soutenu et un rapprochement intime entre les premières autorités constituées.

Pénétré de ce sentiment, convaincu que le Corps législatif en est également animé, le Directoire exécutif s'est occupé des plans vastes et profonds qui peuvent retremper et recréer toutes nos ressources. Il ne peut pas renfermer dans un premier message tous ces détails, dont plusieurs même sont de nature à n'être pas communiqués indiscrètement. On a un grand exemple de la nécessité d'un secret religieux pour voiler des opérations importantes, et des coups de parti décisifs, dans le mystère qui a présidé si heureusement à l'armement et à la sortie de la flotte de Brest, au moment même où l'Angleterre doutoit qu'il nous restât un seul vaisseau.

Ainsi plusieurs des opérations militaires préparées par le Directoire exécutif se refusent encore à l'impatience naturelle et à l'avide curiosité du patriotisme lui-même ; mais les opérations les mieux concertées, les diversions les plus puissantes, resteront dans la classe des idées spéculatives, si le Corps législatif ne prend très-promptement en considération la situation des finances, et s'il ne s'impose pas à lui-même, en vue du salut public, la sainte et indispensable loi de terminer, sans délai, l'article des fonds sans lesquels il n'y a pas de moyen de faire la guerre. De son côté, le Directoire exécutif se livre, avec une attention continue , à ces deux grands mobiles de sa pensée , le militaire et les finances.

Que le corps législatif veuille prendre la même résolution , qu'il l'exécute avec une invariable ténacité , et tout lui répond qu'au lieu de porter des regards affligés sur les dangers extérieurs de la patrie , il pourra dire avec justice au peuple français , que la République est sauvée.

Mais c'est au nom de la République , c'est pour les intérêts les plus chers du peuple français ; c'est pour votre propre gloire , citoyens représentans , que le Directoire exécutif insiste sur la nécessité urgente et vraiment irrémissible de créer promptement ces ressources en finances , qui , seules , peuvent accélérer la levée des citoyens appelés à la défense de la patrie , fournir aux armées tout le matériel qui est la base de leurs opérations , et donner au gouvernement les moyens , non-seulement de neutraliser les efforts de cette horrible coalition que l'Angleterre suscite contre nous , mais de découvrir et rendre impuissantes les perfides menées des traîtres , payés chèrement par l'étranger pour désorganiser nos bataillons , allumer les flambeaux de la guerre civile , substituer à l'enthousiasme républicain l'exageration ou l'apathie , semer les divisions et les méfiances , accréditer les bruits les plus absurdes , armer les autorités l'une contre l'autre ; menées exécrables qui tendroient à donner à nos ennemis le spectacle horrible de la France se déchirant elle-même , au lieu de se réunir contre eux.

Cette dernière considération s'applique sur-tout à l'état intérieur de la République ; dans plusieurs de ses parties , le tableau n'en peut être qu'affligeant pour les amis de la liberté. Les revers des armées , les doutes sur la sollicitude du gouvernement ; les fausses nouvelles et les présages sinistres répandent une agitation inquiète , et cette agitation s'accroît et s'envenime elle-même de l'aliment fourni par le choc de toutes les passions.

Le double fanatisme du trône et de l'autel éclate avec violence ; il se fortifie par l'espoir des secours étrangers, et l'or de nos ennemis fait encore mouvoir une foule de personnes à qui toute forme de gouvernement est indifférente, et qui, par cela même, sont toujours prêtes à attaquer celui qui existe.

C'est ainsi qu'on médite, qu'on prépare la désorganisation sociale. Le pillage des caisses publiques, les attaques dirigées contre les fonctionnaires publics, l'inertie d'un grand nombre d'entre eux, qui en peut être la suite, l'assassinat des républicains ; tel est l'aspect que présentent malheureusement plusieurs départemens. Dans quelques-uns de l'Ouest, les chouans font des tentatives pour se réunir ; dans quelques parties du Midi, les assassins se réorganisent ; ailleurs, l'Autriche vomit ses infâmes satellites. Par-tout on cherche à répandre la consternation et l'effroi.

Instruit de ces tristes détails par une correspondance de chaque jour, chaque jour le gouvernement a cherché à prévenir, à comprimer les désordres, à frapper les coupables par tous les moyens que les lois ont mis à sa disposition ; mais les brigands n'ont que trop souvent échappé à ses poursuites, soit dans les asiles offerts par leurs complices, soit par l'évasion que facilitent de longs transports, le mauvais état des maisons de détention, et les formes lentes des tribunaux : enfin, plusieurs de ceux que la notoriété publique désignoit comme les plus coupables ont été cependant acquittés.

Ces scandales, répétés sur plusieurs points de la République, ont dû produire, et ont produit un effroi général : chaque événement a été encore grossi par la malveillance.

Les émissaires de l'étranger, dont le double but est de porter le découragement dans l'intérieur, et l'espoir chez l'ennemi, ne manquent pas d'exagérer encore les désordres, et de les présenter sous mille formes hideuses et différentes. C'est ainsi qu'ils espèrent non-seulement détruire la République française, mais encore étouffer, sur toute la surface du globe, la liberté et les lumières : car, Citoyens représentans, il ne faut pas s'abuser, c'est ici une vaste conspiration du despotisme et de la barbarie ; la perte de tout ce qui a éprouvé quelque sentiment généreux est jurée par les ennemis de la République.

Pour écraser cette coalition impie, il faut un grand effort et des mesures énergiques. Le Directoire délibère encore sur le choix de celles qu'il doit vous proposer ; il ne tardera pas à vous transmettre, par un second message, un résultat qu'il espère devoir entraîner votre assentiment, en imprimant à l'opinion publique la direction qu'elle n'auroit jamais dû perdre.

C'est, sur-tout, dans les divisions intestines que nos ennemis ont placé leurs espérances ; c'est en nous séparant qu'ils se croient sûrs de nous vaincre. Aussi, dans cette vue, n'est-il pas, depuis plusieurs mois, une seule idée horrible et absurde qu'ils n'aient jetée dans le public, et qu'ils n'aient réussi plus ou moins à y accréditer. Ces funestes préventions n'étoient d'abord que des germes hasardés, et qui se détruisoient par leur atrocité et leur invraisemblance. Maintenant ce sont ces dernières qualités même qui leur donnent du poids.

On a osé annoncer des attaques, prédire des forfaits, faire craindre pour la constitution, et pour les membres des autorités qu'elle consacre. Le Directoire exécutif a été assailli, à plusieurs reprises, de menaces qui lui revenoient de toutes parts, et qu'on se permettoit de tirer de la source

la plus auguste. Il n'a pas ajouté foi à ces détestables in-
ventions de la perversité de nos ennemis ; mais il ne doute
pas qu'on ait cherché de même à insinuer, de sa part ,
l'idée de quelques représailles dignes seulement de l'imagi-
nation des auteurs de ces impostures. Il saisit avec empressement cette occasion éclatante de les démentir.

Il proteste que, soit en corps , soit individuellement,
tous ses membres périront plutôt qu'il soit porté la moindre
atteinte à la constitution de l'an 3 , et à l'inviolable sécurité
avec laquelle toutes les autorités qu'elle a créées doivent
exercer leurs fonctions Il se plait à vous rendre dépositai-
res de l'engagement qu'il contracte à cet égard ; et c'est
par l'expression franche et pure de ce sentiment républicain qu'il croit pouvoir terminer cette première réponse à
votre message du 17 de ce mois.

La seconde ne se fera pas attendre ; mais elle exige le
concours de plusieurs renseignemens qui ne sont pas encore
rassemblés. Le Directoire s'empressera de vous les transmettre aussitôt qu'il les aura recueillis, En attendant ,
Citoyens représentans , veuillez recevoir l'épanchement des
sentimens du Directoire avec la même cordialité et la même
franchise qu'il vous est offert ; et faites que cette circonstance, dont les ennemis de la patrie attendent impatiem-
ment le résultat comme le signal de la discorde, et l'é-
poque de la scission du corps politique , soit au contraire
marquée par l'affermissement et la concentration des
deux principales parties du faisceau républicain.

Le Conseil des Cinq-Cents envoie au Conseil des Anciens
la liste décuple des candidats qui doivent concourir pour
remplacer le citoyen Treilhard. Ce sont les citoyens Lefèvre , général ; Charles Lacroix , Gohier ; Moulins ,

général ; Dupuis, de l'Institut ; Charles Pottier ; Masséna ; Martin, contre-amiral ; Dufour, général ; et Roger-Ducos.

Le Conseil des Anciens procède de suite à l'élection d'un membre du Directoire, en remplacement du citoyen Treilhard. Sur 198 suffrages, le citoyen Gohier en obtient 164. Le président, au nom de la République française, le proclame membre du Directoire exécutif.

———————

Le 30 prairial, Bertrand (du Calvados) prononce le discours suivant, en réponse au message du Directoire exécutif ;

Représentans du peuple,

Je viens rappeler votre attention sur le message du Directoire exécutif, dont vous entendîtes hier une lecture rapide.

Encore bien que vous l'ayez renvoyé à vos commissions réunies, il me paroît d'une indispensable nécessité d'en fixer le sens, de détruire par des vérités sensibles, la fausseté des assertions qu'il contient, et de mettre à nu l'astuce et la perfidie qui ont présidé à sa rédaction.

Vous avez voulu être instruits de l'état intérieur et extérieur de la République ; on a été dix jours sans vous répondre ; et au bout de ce terme, que votre fermeté seule a enfin amené, on vous répond : 1°. que la principale cause de nos revers est due à la pénurie du trésor public, quelques avertissemens que vous ayez reçus de pourvoir à ses besoins.

En second lieu, que la division entre les deux premiers pouvoirs établis par la constitution, division fomentée par les ennemis de l'Etat, payée par eux, a augmenté les dangers de la République.

On termine par une invitation de rétablir l'union, avec

antant de franchise et de cordialité qu'elle vous est offerte.

Si j'ai bien saisi le sens de ces propositions, j'y vois l'accusation du Corps législatif déférée au jugement du peuple françois, et le généreux pardon du Directoire exécutif.

Quel excès d'impudence et d'audace, de perfidie et de mauvaise foi !...

Quoi ! après avoir accordé plus qu'il ne vous a été demandé, on vous accuse d'avoir entretenu la pénurie du trésor public !... Après que chaque représentant, chaque députation, chaque administration républicaine, a dénoncé aux membres du Directoire exécutif les dilapidations qui ont dévoré les trésors de l'État, et, pour prix de ces avertissemens, n'avoir reçu que des outrages, on ose vous accuser, à la face de l'univers, d'avoir tari les ressources pécuniaires de l'État !

Quoi ! dans le seul arsenal de Paris, 133,000 fusils ont été vendus à 20 sous, tandis qu'ils valoient au moins 20 francs ; et c'est le Corps législatif que l'on accuse du défaut d'armes, pour n'avoir pas mis le trésor public en état d'en acheter !....

Quoi ! des compagnies privilégiées ont été admises à faire des services, ont reçu des avances, n'ont rien fourni, et ont remboursé les écus avec des valeurs qui perdoient 60 pour cent ; et l'on ose entreprendre de détourner votre attention, celle du peuple, de ces crimes, pour rejeter sur vous la faute de notre situation !...

Quoi ! des états que j'ai vus dans les mains du ministre Millet-Mureau portent, en vendémiaire dernier, l'effectif de nos armées, à 437,000 hommes, tandis qu'il ne s'élevoit pas à 300,000, et l'on ose se plaindre de la pénurie du trésor public !

Ah ! sans doute, sous une administration à la Schérer,

sous la surveillance du triumvirat directorial , réduit aujourd'hui à deux , l'or de l'Europe eût été dans le trésor de la République , qu'au bout d'une année , le ministre Ramel vous eût annoncé un déficit.

Quoi ! parce que vous avez refusé de faire la contre-révolution ; en rétablissant les fermes générales de la monarchie ; parce que vous avez rejeté l'odieux impôt sur le sel , et quand vous l'avez remplacé par 88 millions de nouvelles ressources ; (38 millions au - delà du déficit annoncé par les commissions des finances) on ose vous accuser de n'avoir pas alimenté le trésor public. . . . !

Pâlissez , imprudens et ineptes triumvirs !. . , . je vais tracer une légère esquisse de vos fautes, que d'autres , peut-être , moins indulgens , appelleront des crimes. . . .

Contre le cri unanime du peuple françois , vous avez conservé dans l'administration de la guerre le plus effréné dilapidateur que l'on eût vu jusqu'alors.

Et quand enfin , fatigué lui même de ce genre de forfaits , son administration a fait éclater l'indignation de toutes parts , vous l'avez envoyé livrer au fer assassin des esclaves de Paul , les vainqueurs de l'Europe. . . .

Voilà une des causes principales de nos revers à l'extérieur. . . .

Dans l'intérieur , il falloit bien attiédir l'esprit public, le faire disparoître , et fermer la bouche aux amis de la liberté !. . .

Vous avez tout fait pour atteindre sûrement ce but. . .

Le peuple françois avoit , en l'an 6, senti la nécessité de choisir des représentans , des administrateurs et des juges dignes de sa confiance , et capables de défendre ses intérêts : vous avez osé dire que les élections de cette année avoient été faites pour l'anarchie ; vous l'avez laissé imprimer par un de vos ministres ; et loin de le désavouer, vous y avez applaudi.

Ainsi, vous avez cherché à avilir la représentation nationale, en la supposant capable de ressusciter le régime exécré de 1793....

Vous avez destitué, dans plus de quarante départemens, comme partisans de ce régime, des hommes qui en avoient été victimes, et qui n'avoient marqué dans la révolution, que par des vertus publiques et privées.

Ainsi, vous auriez assassiné moralement les plus purs républicains, si l'injustice dont vous les accablez, n'eût été portée à son comble et au-delà des bornes qui constituent l'invraisemblance.

Ainsi, vous avez relevé l'espoir des royalistes et aiguisé leurs poignards homicides....

Ainsi, vous avez servi les projets de la coalition des rois plus efficacement que la profusion de leur or corrupteur et les baïonnettes de leurs esclaves....

Je ne vous parlerai pas de vos Rapinat, de vos Rivaut, de vos Trouvé, de vos Faipoult, qui non contens d'exaspérer nos alliés par des concussions de toute nature, ont violé, par vos ordres, les droits des peuples, ont proscrit les républicains, les ont despotiquement destitués, pour les remplacer par des traîtres. Ce système ne pouvoit manquer d'être suivi en Italie comme en France... Il falloit, au moins, de l'uniformité dans votre marche....

Voilà, au lieu de l'accusation du Corps législatif, au lieu de lui offrir son pardon ; au lieu de l'inviter à une réunion, ce que vous auriez dû avouer, en sollicitant vous-mêmes auprès du peuple françois, sa commisération, sa générosité, sa pitié.

Vous invitez les représentans du peuple à une réunion, pour travailler au salut de la République :... et vous n'avez pas mis en jugement les auteurs de ses revers ; ... et vous avez traduit devant les tribunaux, les chefs qui conduisoient nos défenseurs à la victoire. . . .

Vous osez parler de réunion ; mais où est l'aveu de vos fautes, même sous le titre d'*erreur ?* Qu'avez-vous fait , pour rappeler, pour reconquérir la confiance du peuple et de ses représentans ?... Avez-vous réparé un seul , des mille outrages que vous avez faits aux républicains ? En avez-vous remis un seul en place ?... Quel accord peut-il y avoir entre le Corps législatif, travaillant au salut de la République, et des hommes qui , peut-être, sans en avoir l'intention , ne négligent cependant rien pour opérer sa perte.

Vous nous proposez une réunion ! et moi je vous propose de réfléchir , si vous pouvez encore conserver vos fonctions. . . . Vous n'hésiterez pas à vous décider , si vous aimez la République !.... Vous n'avez plus la confiance ; vous êtes dans l'impuissance de faire le bien ; vous n'aurez jamais, ni la confiance de vos collègues , ni celle du peuple, ni celle de ses représentans , sans laquelle vous ne pouvez faire exécuter les lois. Déjà , je le sais, grâces à la Constitution, il existe dans le Directoire une majorité qui jouit de la confiance du peuple , et de celle de la représentation nationale. . . . Qu'attendez-vous pour mettre l'unanimité de vœux et de principes entre les deux premières autorités de la République ? Vous n'avez plus même la confiance de vos flagorneurs , de ces vils flatteurs qui ont creusé votre tombeau politique : terminez votre carrière par un acte de dévouement que le bon cœur des républicains saura seul apprécier. . . .

Représentans du peuple, dans le moment où le peuple françois nous observe , et attend avec impatience que nous fassions cesser l'état d'indécision, d'anxiété qu'il éprouve, j'ai cru qu'il étoit de mon devoir de repousser, de détruire des calomnies, que l'on peut regarder comme le complément de celles que l'on cherche à accréditer depuis un an.

Je ne peux terminer, sans repousser encore une nouvelle calomnie, à l'aide de laquelle on cherche à établir l'inquiétude dans le sein même du Conseil ; on pousse le délire, jusqu'à vouloir persuader que l'on veut attaquer la loi du 22 floréal, et retrancher quarante membres dans les deux Conseils. Représentans, la loi du 22 floréal ne sera pas attaquée ; l'intégralité du Corps législatif est sacrée ; j'en jure, par les principes dont vous avez rappelé le respect ; j'en jure, par votre amour pour la tranquillité intérieure ; j'en jure, par le froid mépris dont vous avez payé le manifeste de Bailleul, l'un de vos collègues ; j'en jure, enfin, par la souveraineté du peuple, dont vous êtes les conservateurs, et par sa volonté, dont vous êtes les organes.

Je demande le renvoi de ces observations, aux commissions réunies

Dans cette même séance, la commission des onze est nommée; Elle est composée des représentans Boulay (de la Meurthe), Bergoëing, Jourdan, Talot, Quirot, Petiet, Lucien Bonaparte, Joubert, Français (de Nantes), Poulain-Grandpré, et Augereau.

Cette commission propose bientôt après au Conseil, un projet de résolution, qui est adopté, et qui met hors la loi, toute autorité, et tout individu qui attenteroit à la sûreté et à la liberté de la Représentation nationale.

Cette résolution est envoyée au Conseil des Anciens, qui l'adopte de suite.

A cinq heures, le Conseil des Cinq-Cents reçoit un message du Directoire, qui annonce que les citoyens Merlin et Larevellière-Lépeaux ont donné leurs démissions ; le Conseil accepte ces démissions.

A neuf heures , on procède à la nomination des candidats qui doivent concourir au remplacement du citoyen
Merlin , directeur démissionnaire. Les citoyens qui ob-
tiennent la majorité absolue , sont : Lefèvre , Masséna ,
Dupuis, Roger-Ducos, Martin , Lacrosse, Moulins, Charles
Lacroix , Florent Guyot , Marescot. Cette liste est envoyée
de suite au Conseil des Anciens , par un messager d'état.

Le Conseil des Anciens procède à l'élection d'un directeur.
Sur 202 suffrages , Roger-Ducos en obtient 153. Le président , au nom de la République françoise , le proclame
Directeur , en remplacement du citoyen Merlin , démissionnaire.

Le même jour , le Conseil des Cinq-Cents procède à la
formation de la liste décuple des candidats qui seront admis
à concourir au remplacement du citoyen Larevellière-
Lépeaux. Masséna, Dupuis , Lefèvre , Martin , Lacrosse,
Moulins , Potier , Florent Guyot , Pilles et Dufour, ob-
tiennent la majorité absolue. Cette liste est renvoyée au
Conseil des Anciens , par un messager d'état.

Le Conseil des Anciens procède de suite à l'élection d'un
Directeur. Sur 186 votans, le général Moulins obtient
105 suffrages. Le président , au nom de la République
françoise, le proclame Directeur.

Dans cette même journée , Lucien Bonaparte , au nom
de la commission des onze , dit :

Représentans du peuple,

Frappés des maux de la patrie , vous avez demandé au
Directoire exécutif , par votre message du 17 prairial ,
quelles étoient les causes qui ont amené à l'extérieur , et à
l'intérieur l'état déplorable où elle trouve.

Le 28 prairial, vous avez déclaré que vous resteriez en

permanence jusqu'à la réponse du Directoire ; et il étoit dans le cœur de chacun de nous d'y rester aussi long-tems qu'il le faudroit pour le salut de la république. Par cette déclaration de permanence, vous avez appelé sur vous les regards de tous les François ; vous vous êtes constitués plus particulièrement en présence du peuple : car si le peuple ne perd jamais de vue ses mandataires, c'est sur-tout dans ces occasions augustes que son inquiétude paternelle et toutes ses affections se reposent sur leurs têtes. Vous avez tous senti les devoirs que vous impose cette permanence solennelle, et vous voulez les remplir et répondre à l'attente des citoyens.

Pour répondre à cette attente, il falloit connoître et détruire les maux qui affligent la patrie. Le Directoire exécutif, dans sa réponse du 29 prairial, a indiqué l'épuisement du trésor public, et vous a demandé des ressources en finances, comme le seul remède. Le défaut de fonds et de crédit ne pouvant être imputé qu'au Corps législatif, cette indication astucieuse et peu franche, vous désignoit aussi à la nation, comme les auteurs des maux publics ; elle rejetoit sur vous les défaites de nos armées, et les désordres de l'intérieur ; et renouveloit les inculpations perfides tant de fois dirigées contre vous pendant la servitude de la presse.

Telles sont les pénibles idées qui résultent du message du Directoire exécutif, du 29 prairial. Ce message vous en annonce un second plus précis ; sans doute la dignité respective des premières autorités, que vous avez rétablie, l'union franche qui commence à exister entre elles, la confiance réciproque qui les anime aujourd'hui, vous assurent que cette seconde réponse sera plus satisfaisante. Cependant l'impression funeste qui résulte de la première doit être détruite : nous le devons à la France, aux armées, à nous-mêmes.

Le mot de *déficit* est un voile dont on ne cessoit de couvrir le tableau de notre situation : c'est en vain qu'on a voulu l'épaissir ce voile officieux, il n'a point arrêté les regards des citoyens ; il n'a point trompé votre sollicitude, et l'on a vainement tenté de donner le change à l'indignation nationale.

Vous avez observé, Représentans du peuple, avec quelle opiniâtreté on a insisté, *jusqu'à ce jour*, pour persuader que ce prétendu déficit étoit la cause de la défection de nos armées, et des progrès de l'ennemi. Nous n'aurons certainement pas besoin de reproduire ici les calculs qui ont été si souvent répétés par vos commissions de finance. Leurs différens rapports ont fait crouler ce pitoyable système, déjà ébranlé par l'opinion. En effet, que peut avoir de commun ce prétendu déficit, avec des revers amenés par la plus déplorable impéritie, par la plus étonnante insouciance ? Si les rédacteurs du message avoient mieux analisé leurs idées, ils auroient évité les reproches de mauvaise foi que tout homme raisonnable a acquis le droit de leur adresser ; un déficit n'a pu se faire sentir, jusqu'à ce jour, dans les fonds destinés aux dépenses de la guerre, puisqu'à beaucoup près le crédit accordé au ministre de la guerre n'est pas encore épuisé : toutes les observations qui font la base du message sont donc chimériques ; mais elles paroîtront bien plus dénuées de réalité, en faisant le rapprochement qui suit.

On peut assurer, avec toute la confiance que donne l'expérience, qu'une armée de quatre cents mille hommes, sur le pied de guerre, ne doit pas coûter plus de 280.000,000 fr. y compris tout le matériel dont cette armée peut avoir besoin, c'est-à-dire, 700 fr. par homme, et par an.

Les huit premiers mois de l'an 7 n'ont donc pas dû coûter

plus de 187,000,000 fr. en portant l'effectif de nos armées à 400,000 hommes, et même en portant la dépense à 700 f. par homme, somme fixée dans la dernière demande du Directoire exécutif. Or, le ministre Schérer porte l'état de l'armée au premier vendémiaire à 275,000 hommes ; et le Directoire exécutif, d'après son dernier message, a ordonnancé, jusqu'au 5 prairial, 245,000,000 fr. pour la guerre. Le même résultat est consigné dans les tableaux joints à la lettre écrite par le ministre des finances à notre collègue Génissieu. Pendant les huit premiers mois de l'an 7, le Directoire exécutif a donc ordonnancé 58,000,000 fr. de plus qu'il n'en falloit pour une armée de quatre cents mille hommes. Il a donc eu à sa disposition, et employé tous les fonds nécessaires pour entretenir l'armée pendant ces huit mois. Ce n'est donc pas ce prétendu déficit qui peut avoir arrêté les mesures militaires du Directoire exécutif.

D'ailleurs, les différens rapports de vos commissions des finances leur ont démontré que les recettes devoient être presqu'au niveau des dépenses. Si ces recettes n'ont pas été entièrement opérées, ce n'est plus qu'à l'inexécution des lois existantes que l'on doit attribuer ce retard ; le Directoire exécutif est-il seul chargé de l'exécution des lois ? Le Corps législatif eût voté 100,000,000 fr. de plus ; si, par les vices d'administration on n'en avoit pas prélevé davantage, le trésor public en eût-il été plus secouru ?...... L'établissement de nouveaux impôts, quand ceux qui existent déja ne sont pas recouvrés, n'est-il pas une calamité publique ? Et vous n'oublierez pas que, dans ces raisonnemens, nous ne vous parlons pas des contributions des pays conquis, qui ont été à peine portées dans le tableau des ressources ?

Non, représentans du peuple, ce n'est pas le déficit

dont on vous parloit sans cesse qui a causé les malheurs de l'État. C'est au système suivi depuis un an par la *majorité du Directoire exécutif*, qu'on doit seul les attribuer : ce système a été le plus puissant auxiliaire de la coalition, dont il a préparé le succès : aussi nuisible à l'extérieur qu'à l'intérieur, il a amené la *désorganisation de nos armées, le pillage et le bouleversement des républiques amies, et le refroidissement momentané de l'esprit public*.

Les armées ! ! !..... surprises, mais non pas vaincues ; c'est le dénuement où on les a laissées, qui, seul, a causé leurs revers. Elles ont été privées, à la veille de la guerre, de tout ce qui peut en assurer le succès ; elles se sont affoiblies ; leur administration a été détruite, et les dilapidations impunies, encouragées, ont osé attenter jusqu'à leurs arsenaux et à leurs armes.

Dès le commencement de la dernière session, ces abus ont frappé les regards du Corps législatif ; mais ses bonnes intentions ont été paralysées : la majorité du Directoire exécutif a journellement abusé de l'immense autorité que le 18 fructidor avoit laissée dans ses mains ; elle a embrassé, suivi cet affreux système de bascule, espérant se soutenir par son moyen hors de la ligne constitutionnelle, où elle ne vouloit plus rentrer.,.... Les amis de la constitution ont été appelés anarchistes ; le pouvoir exécutif, bravant leurs cris et leurs efforts, a toujours marché sans regarder derrière lui : la complaisance, la flatterie, l'intrigue, l'ont aidé dans sa marche. Où devoit-elle aboutir ?......

Après la désorganisation des armées, rien ne pouvoit être plus funeste à la patrie, que la destitution des républicains : ces destitutions, préparées de sang froid, exécutées avec la rapidité du despotisme, portent par tout le découragement et le trouble. Les amis de la liberté abandonnent les rênes de l'administration : ils sont regardés avec défiance, traités sans ménagement. L'indifférence révolutionnaire est désignée comme la première des vertus politiques, et des hommes, qui n'en étoient que trop doués, remplacent les élus du peuple. L'avilissement du Corps législatif eût été opéré depuis long-tems par les feuilles officielles, s'il étoit aussi facile d'abuser de l'opinion que des lois : cet avilissement avoit pour but l'influence coupable, l'usurpation sacrilège que l'on a osé exercer sur les élections populaires ; de-là l'affaissement de l'esprit public. Le Directoire exécutif, par ses destitutions, neutralisoit le droit d'élire, seul droit que le souverain s'est réservé dans ses jours de comices, et que la charte constitutionnelle lui assuroit vainement. Le mot de gouvernement fut appliqué exclusivement au pouvoir exécutif ; et cette erreur étrange se trouve même consignée dans le dernier message, comme si le gouvernement pouvoit, dans les républiques, consister dans une seule des autorités : de-là, la désertion des assemblées primaires, qui, privées de garantie, n'offroient plus aucun attrait aux citoyens. Après avoir brisé le joug d'un roi, et le sceptre de tant de rois, le peuple et les armées pouvoient-ils souffrir patiemment le joug des agens les plus méprisables, pour qui la liberté individuelle des citoyens n'étoit qu'un jeu, et l'opinion publique une chimère ? de-là, représentans du peuple, le peu d'empressement des conscrits et l'apathie universelle.

Ainsi, à la veille de la guerre, le génie de la désorganisation plane et dans les camps et dans les départemens : ce n'étoit pas assez, c'étoit sur les républiques alliées que devoit tomber le système funeste de la majorité du Directoire exécutif. A la veille de la guerre, la Suisse et l'Italie sont bouleversées : des commissaires qui n'échapperont pas à la vindicte des nations, y portent le germe de tous les troubles : par des lits de justice aussi ridicules qu'atroces, par des révolutions de tous les jours, par un despotisme de tous les momens, ils refoulent toutes les idées généreuses dans le sein des peuples ; ils changent leur reconnoissance en regrets amers ; ils font tomber de désespoir, les bras armés pour combattre avec nous. Le nom françois devient en horreur, et nous ne comptons plus que peu d'amis dans cette Helvétie, notre aînée en liberté, et dans ces contrées glorieuses où nous avions asservi la victoire. Ces excès révoltans, cette audace, excitent l'indignation de nos guerriers ; alors tous ceux qui osent parler des maux que l'on prépare à la patrie sont repoussés, destitués, mis en jugement. Les services passés, ceux que l'on peut rendre encore, ne sont comptés pour rien ; les lauriers sont une foible défense contre le bras de fer du Pouvoir exécutif, et les vainqueurs des rois sont reduits à se retirer ou à courber leur tête victorieuse devant les plus vils instrumens de la tyrannie.

Voilà, citoyens représentans, les causes trop réelles qui, depuis un an, ont tellement changé notre situation : vainement, d'une voix expirante, on a prononcé le mot de déficit. . . . . . . La voix unanime qui s'élève du sein des départemens et du milieu des camps, nous dit : *La désorganisation de nos armées, et les destitutions de l'intérieur sont la cause de nos maux.* La voix plus plaintive des victimes de Suwarow, nous crie : *Le systême suivi par les agens du Directoire exécutif nous a conduits à l'échafaud...*

Je n'arrêterai pas davantage vos regards sur ce tableau déchirant ; le silence aussi renferme les douleurs.

Une nouvelle carrière s'ouvre aujourd'hui devant nous ; l'opinion toute-puissante a entraîné ceux qui l'ont bravée si long-temps. . . . . . Vous vous êtes déclarés en permanence, et l'aurore de la victoire et de la liberté reparoît déja sur l'horizon politique.

Le Directoire exécutif renaît, environné de la confiance universelle ; le Corps législatif a repris la première place de l'État ; leurs efforts simultanés vont ramener la concorde et la victoire ; la perspective que vous avez offerte au peuple françois, dans votre adresse, va se réaliser : les attributions extraordinaires nées des secousses politiques vont disparoître sous la ligne constitutionnelle ; les amis de la liberté vont reprendre les rênes de l'administration intérieure ; des mains accoutumées à vaincre vont ressaisir le glaive de la vengeance nationale. Un seul sentiment nous réunit, le faisceau est formé, et il ne reste aux ennemis de la représentation nationale que leurs propres remords, et le mépris de tous ! ! !.....

Vous attendez encore un message du Directoire exécutif. Ce message nous prouvera sans doute qu'il n'y a plus qu'une seule manière de voir et de penser dans les deux premières autorités. Votre commission vous propose de continuer votre permanence jusqu'à la réception de ce message : elle s'occupe des lois propres à assurer à tous les citoyens la jouissance de leurs droits, en attendant que toutes les inquiétudes cessent, que toutes les idées généreuses se raniment......... Déjà, dans leur joie féroce, les royalistes, artisans de discordes, osoient se livrer à leur espoir sacrilége : qu'ils pâlissent d'effroi ; le péril a ramené l'énergie, et le réveil de l'opinion a ramené le triomphe de la liberté.

Représentans du peuple, les changemens opérés dans votre permanence sont peu éclatans ; mais ils décident peut-être du sort de l'Europe : *C'est dans la constitution elle-même que vous avez su trouver les moyens de la sauver.* Vous avez opéré le bien avec force, mais sans secousse..... La nation vous a déja proclamés ses libérateurs ; et dans l'effusion de la joie commune, les guerriers et les citoyens s'écrient : un jour prospère luit pour la République.

La commission vous propose d'attendre, en permanence, les nouveaux renseignemens annoncés par le message du Directoire exécutif, du 26 prairial.

———————

La séance permanente continue ; et le 3 messidor, Français (de Nantes), au nom de la commission des onze , dit :

Représentans du peuple ,

La commission , composée de onze membres , que vous avez instituée pour régulariser et rendre profitable l'heureuse crise que le génie de la République , aidé de votre courage , vient de produire , s'est occupée des moyens d'assurer les droits du peuple , en rétablissant l'équilibre des pouvoirs , en les renfermant dans leurs bornes légales , en rappelant le règne de la justice , de la probité , de la constitution , en donnant une garantie à la liberté politique , civile et religieuse de tous les citoyens.

Tout s'est détérioré ou corrompu sous une administration violente , qui n'avoit ni frein ni limite , et qui se croyoit assez forte pour renoncer à cette pudeur même dont des hommes plus adroits , ou moins effrontés , se croient obligés de couvrir leurs usurpations.

Il s'agit aujourd'hui de faire rentrer dans son lit constitutionnel , ce torrent qui avoit emporté toutes ses digues , et de porter une main bienfaisante et purificatrice dans toutes les plaies qu'un pouvoir corrosif a faites à la République.

Des royalistes déguisés voudront en vain qu'après avoir limité un pouvoir , nous excédions les bornes du nôtre ; mais leurs efforts seront inutiles. Il ne naîtra de cette crise

ni régime révolutionnaire , ni proscriptions , ni violences ;
ni arbitraire : elle est , au contraire , la fin et le remède de
tous ces fléaux. Nous présenterons la liberté , comme elle
parut à ses premiers fondateurs , guidée par la sagesse et
l'humanité , fondée sur la philanthropie , appuyée sur les
lois , enflammée par l'enthousiasme de toutes les passions
douces et généreuses , garantissant les droits naturels , politiques et civils , et escortée de toutes les vertus qui peuvent la faire chérir.

On peut bien fonder un État au milieu de beaucoup de
violences , le faire respecter au-dehors par l'éclat des
armes ; mais on ne le conserve , qu'en répandant un bien-
être général , que par l'utilité , que par l'intérêt que chaque
citoyen trouve dans son maintien , dans sa conservation.
Tout gouvernement qui ne repose pas sur cette base , ne
sauroit être durable.

Le gouvernement representatif est le seul qui convienne
véritablement à un grand peuple qui n'a plus les vertus qui
appartiennent à la simplicité primitive , mais qui a toutes
les lumières qui résultent d'un grand progrès dans la civi-
lisation. Tous les systèmes qui tendroient à nous démocra-
tiser davantage , à limiter ou à anéantir quelques-unes des
procurations que confère le peuple , pour lui réserver à
lui-même la direction des mesures de législation ou d'exécution , le meneroient à sa dissolution ou à sa ruine.

Il y a trop d'intérêts qui se croisent , trop de passions
qui s'exaspèrent , trop d'illusions qui se propagent , trop
de factions qui se heurtent dans ces systèmes que l'esprit
peut concevoir , mais que l'expérience n'a jamais pu réaliser ;
et c'est une étrange idée que de vouloir donner à une société
une forme de gouvernement que les plus grands enthou-
siastes de la pure démocratie avouent ne convenir qu'à des
dieux , lorsque nous avons tant de peine à nous élever jus-

qu'aux vertus , qui semblent être le devoir de tous les hommes.

Dans le système représentatif , tel qu'il est réglé par notre constitution , et tel qu'il auroit dû être toujours respecté et suivi , les citoyens jouissent de tous les avantages qu'ils peuvent raisonnablement attendre de l'association , la liberté politique , civile , religieuse , l'égalité , la propriété , la sûreté.

Tous ces droits que la nature donne , que la raison avoue, et que le pacte civil garantit, ont été envahis, quand il n'y a plus eu d'équilibre dans les autorités centrales, quand on sentoit par-tout douloureusement un pouvoir exécutif qui étoit parvenu à paralyser, enchaîner le pouvoir répresseur , de qui le peuple attendoit son salut.

De grands abus ont eu lieu ; ils ont été poussés jusqu'à ce point extrême où la tyrannie trouve toujours son tombeau : mais ce seroit une grande erreur de croire qu'ils sont la suite des principes qui régissent notre pacte social. Ils ne sont au contraire que les tristes résultats et les déplorables effets de la violation de ces mêmes principes qu'il s'agit aujourd'hui de rétablir et de garantir pour jamais.

Il n'y a plus eu de liberté politique , lorsque l'on a privé le peuple du droit sacré d'élire ses magistrats, ou, ce qui est la même chose, lorsque l'on a annullé ses choix sans motif légal ; lorsque l'on a mis par-dessus le seul et véritable souverain , une sorte de souverain factice qui a annullé la volonté du premier, dans la seule portion de pouvoir dont il s'est réservé l'exercice ; lorsque l'on a inondé les départemens d'une foule de commissaires aux élections , espèce d'autorité nouvelle , née dans la dépravation du dernier système , et qui étoit chargée , à titre d'office , du soin de troubler , d'empoisonner l'auguste source chargée de régénérer annuellement toutes les autorités et de vivifier la République.

Il n'y a plus eu de liberté politique dans le système froidement conçu et artificieusement combiné des scissions, qui alimentoient les discordes, rendoient équivoques ou douteux tous les choix, et tous les citoyens indifférens dans l'exercice de celui de tous leurs droits, qui est le garant de tous les autres ; système déjoué cette année par le Corps législatif, mais dont les résultats étoient considérés comme des pierres d'attente, avec lesquelles on devoit bâtir une nouvelle représentation plus docile, que celle qui résultoit naturellement des majorités.

Il n'y a plus eu de liberté politique du moment où l'on a posé officiellement comme principe, qu'il n'y a pas de principes, que la manie de les invoquer est toute contre-révolutionnaire, et que la perfection d'un gouvernement est dans l'exercice d'un pouvoir arbitraire qu'aucune loi ne circonscrit, et qui se ploie avec souplesse à toutes les circonstances, et lorsque les propagateurs de ce honteux système, étoient ceux-là mêmes qui étoient par leur devoir chargés expressément d'en réprimer les funestes effets.

Il n'y a plus eu de liberté politique, lorsque la force armée a pu dissoudre les paisibles et régulières assemblées du peuple, lorsque les votans et les électeurs ont pu être jetés dans les prisons, lorsque des individus étoient chargés d'aller dans les départemens souffler des tempêtes qui devoient les reporter triomphalement à Paris.

Il n'y a plus eu de liberté civile, lorsqu'une foule de citoyens ont pu, dans des lieux et dans des momens tranquilles, être incarcérés sans mandats d'arrêt, sans être interrogés, ni livrés à leurs juges naturels ; lorsqu'on a pu, sans motif légitime, les proscrire de tel lieu, et même du sol de la République ; lorsqu'on a pu faire porter tel républicain , qui déplaisoit sur la liste des éternels , des féroces ennemis de la République : système semblable à celui de Roberspierre , dont la rage enveloppoit dans les mêmes proscriptions , et vouoit à la même vengeance les hommes de tous les partis , de toutes les classes , sans aucune distinction.

Il n'y a plus eu de liberté civile , lorsque les citoyens ont été privés du droit de penser et d'écrire librement, de discuter et censurer avec loyauté les actes de législation et les mesures du gouvernement ; lorsque le génie étoit obligé de limiter son essor sur la mesure étroite des commis de la police ; lorsque des journaux sans physionomie , jetés dans le moule uniforme du despotisme , étoient consacrés à répandre de funestes erreurs , à donner le change sur les malheurs publics , à détourner les malédictions de dessus la tête des véritables et seuls auteurs de nos calamités , pour les concentrer sur celles des représentans qui faisoient d'impuissans et généreux efforts pour les faire cesser.

Il n'y a plus eu de liberté civile , lorsque les réunions de quelques citoyens paisibles ont été considérées comme attroupemens et révoltes , lorsque les ateliers où se forgeoient les armes morales propres à réveiller l'esprit public ont été fermés.

Il n'y a plus eu de liberté religieuse , lorsqu'après avoir justement et éternellement proscrit les prêtres , amis des rois , on a proscrit encore les prêtres amis de la République, et qui se sont liés à elle par d'irrévocables sermens ; lorsque ceux qui avoient , par le mariage , effacé le caractère sacerdotal , et combattu toute leur vie les principes ultramontains , ont pu être impunément proscrits ; et lorsque Caïenne a vu arriver alternativement sur ses rivages , et les défenseurs de l'autorité papale , et les défenseurs de la souveraineté des peuples ; lorsqu'un fanatisme nouveau , abusant de quelques maximes respectables et de quelques sociétés imbues des plus vertueuses doctrines, a voulu devancer le tems, détruire ce qui ne lui ressembloit pas, et que ce burlesque pontificat étoit placé dans le Directoire même.

Il n'y avoit plus de sûreté, lorsque les quatre ou cinq polices qui existoient à Paris dépensoient en espionnage de la représentation nationale, les fonds qui étoient accordés pour la défendre ; lorsque l'on payoit chèrement les journaux qui l'outrageoient. les dénonciations par lesquelles on vouloit la détruire, et le libelle incendiaire qui devoit être l'avant-coureur de sa dissolution ; lorsqu'on sembloit appeler la hache des brigands sur la tête des patriotes, par des destitutions motivées sur des *considérans* perfides ; lorsqu'on mettoit à la place des élus du peuple, ceux qui s'étoient toujours montrés les amis de tous leurs ennemis ; lorsque, malgré de funestes expériences. et après trente mille assassinats, on sembloit renchérir encore sur le style des Mailhe et des Isnard, par des discours et des proclamations qui alimentoient et réchauffoient le zèle meurtrier des réactionnaires.

Il n'y avoit plus d'égalité, lorsque les triumvirs, après avoir concentré dans leurs bureaux la connoissance de toutes les affaires, élevoient autour d'eux des barrières que la timide innocence ne pouvoit franchir ; lorsqu'un très-pétit nombre d'hommes influens pouvoient seuls les aborder : lorsque de nouveaux privilégiés avoient mis toutes les places, et même tous les actes de justice à l'enchére, et lorsque les ministres n'étoient plus que les rapporteurs des rapports qu'on leur commandoit, et que leurs commis rédigeoient, et le Directoire un bureau de prompts rapports et d'apostilles.

Il n'y avoit plus de propriétés assurées, lorsque les ministres ne rendoient aucun compte, ou rendoient des comptes fallacieux de la portion de revenu ou de propriété que chaque citoyen paie à l'Etat ; lorsqu'on vouloit, de de toutes parts, que l'on n'exerçoit la responsabilité sur personne ; que l'on abdiquoit la sienne propre, et que l'on accréditoit l'idée de ces taxes funestes qui frappent le peuple jusque dans ses premiers besoins, et dans ses consommations journalières,

Il n'y avoit plus ni liberté politique, ni liberté civile, lorsqu'un des deux pouvoirs, et sans le concours de l'autre, pouvoir, sans agression préalable, constituer la nation en état de guerre, et livrer au pillage et aux agitations des peuples tranquilles, lorsqu'on couvroit d'un voile mystérieux tous nos dangers ; lorsqu'on répondoit à l'inquiétude générale par l'assurance d'un calme parfait, et lorsque ceux qui présidoient nos calamités, et indiquoient les moyens de les prévenir, étoient enveloppés dans l'injure banale d'anarchistes ; lorsqu'on faisoit, sur les législatures des républiques alliées, l'essai du coup qu'on méditoit sur la législature françoise ; lorsqu'on préparoit, et qu'on publioit même des projets de révision ; lorsqu'à l'extérieur on faisoit et défaisoit sans cesse des constitutions qu'on regardoit comme des leviers propres à modifier ou détruire la nôtre.

C'est ainsi que toute l'administration s'est viciée : lorsqu'une partie de l'établissement central l'a été elle-même ; lorsque l'équilibre a cessé, et que, par des mutilations faites dans les deux sens opposés, et par une foule de manœuvres machiavéliques, on est pervenu à paralyser le pouvoir investigateur qui étoit chargé de surveiller et réprimer l'autre.

Un directeur luttoit seul, depuis plus de dix-huit mois, contre cet affreux système, avec toute la franchise de son caractère. Mais ses efforts étoient impuissans contre la duplicité, la fourberie et les intrigues familières à des caractères étroits, voués par instinct à la tracasserie.

Il s'agit aujourd'hui de porter une main réparatrice dans tout ce qui s'est usé ou détérioré ; de guérir, sans remède violent ; de rentrer, sans secousse, dans l'état constitutionnel.

La première pensée qui se présente, c'est de rétablir la représentation nationale dans l'état qu'elle n'auroit jamais dû perdre, et de la placer hors de toute dépendance du pouvoir chargé d'exécuter les lois qu'elle fait.

La seconde, c'est de resserrer ce pouvoir dans ses limites, et de faire qu'il puisse tout par les loix, mais qu'il ne puisse rien sans elles ; qu'il ait une force capable de réprimer toutes les factions, mais impuissante contre les droits et la souveraineté du peuple.

Pour asseoir l'indépendance du Corps législatif, nous pensons qu'il est nécessaire que ses membres s'excluent eux-mêmes de toutes les places, comme de tous les traitemens que peut confier l'autorité exécutive, soit durant leurs fonctions, soit une année après leur expiration.

La puissance exécutive a toutes les forces matérielles à sa disposition ; la représentation nationale a besoin de toutes les forces morales.

Tout ce qui peut donner une grande idée de sa pureté, de l'élévation de son caractère, de la probité de chacun de ses membres, est essentiellement conservateur de son existence, et de celle du gouvernement représentatif.

Malheur à ceux qui ne regardèroient la plus sublime de toutes les fonctions de l'ordre social que comme un échelon pour parvenir au crédit, à la puissance, aux emplois, et qui voudroient ravaler les législateurs d'un grand peuple, jusqu'au point d'en faire une caste de courtisans d'une nouvelle espèce et d'un nouveau régime !

Si la nuit épaisse de l'ignorance et des vices pouvoit encore obscurcir le monde ; si la vérité, si les lumières pouvoient se perdre, c'est dans ce sanctuaire que les peuples éplorés viendroient en chercher les augustes germes.

Une grande pensée de Sieyes fut de séparer l'organisation des principes et des moyens d'exécution de l'exécution même, c'est-à-dire, le Directoire du ministère. Par ce moyen, le Directoire devoit conserver toute la force de sa pensée pour les objets d'un intérêt majeur. Il pouvoit combiner de vastes plans, et donner au gouvernement ce caractère de grandeur qui devoit le faire respecter.

Tout naturel et constitutionnel que soit ce principe, il a été effacé comme tous les autres. Le Directoire s'est successivement encombré d'une immense et lourde bureaucratie. Accablé sous le fardeau de détails minutieux, il n'a plus trouvé la force de s'élever jusqu'aux considérations importantes du gouvernement, et les mêmes mains qui s'essayoient à renverser les trônes, nommoient les portiers des ministres, et les commis aux barrières. Ce sont ces détails qui ont le plus rapetissé l'esprit de nos anciens gouvernans ; qui les ont rendus tracassiers, inquisiteurs, minutieux ; qui les ont détournés de toute méditation, pour les vouer à une activité mesquine et permanente ; qui les ont livrés aux solliciteurs, et à toutes les manœuvres qu'enfantent l'action et la réaction de tous les postulans, et le reflux de toutes les ambitions.

Les nouveaux directeurs ont déja rétabli beaucoup de choses à leur place, en renvoyant aux ministres ce qui est dans leurs attributions particulières, au moyen de quoi la responsabilité pèse entièrement sur leurs têtes : mais comme il appartient aux législateurs, et qu'il n'appartient qu'à eux de fixer toutes les dépenses de l'administration, ils n'accorderont que celles qui sont indispensablement nécessaires pour le très-petit nombre de commis nécessaires au Directoire.

Passant actuellement aux moyens d'assurer la liberté politique , il vous sera incessamment présenté un projet de
loi pour interdire les scissions , l'envoi de commissaires
aux élections dans les départemens , et toutes les manœuvres qui tendent à diriger les suffrages , qui doivent essentiellement être libres , et qui cessent de l'être par l'inter-
vention d'un si grand pouvoir. Le droit important de déclarer la guerre , accordé au Directoire , soit dans le cas
d'hostilités , ou d'agressions imminentes , sera sagement
limité , dans l'esprit de la constitution , ainsi que celui des
conquêtes , qui sera défini d'après nos principes , et dans
l'intérêt des républiques alliées. La responsabilité des ministres , l'obligation de livrer leurs comptes à un examen public seront organisées , et des peines plus sévères seront
postées contre ceux qui , au mépris des lois , attentent à la
liberté civile , et qui , sous le nom de *mandat de dépot* ,
ressuscitent ces lettres de cachet , qui vous séparoient éternellement de la société , sans espérance d'aucun jugement.

La liberté d'exprimer sa pensée par écrit , l'un des premiers droits de l'homme , ayant été rendue à tous les François , il restoit à organiser celui qu'ont les citoyens d'exprimer leurs pensées dans des réunions.

L'article 362 de la constitution contient l'énumération
de toutes les inhibitions ou défenses imposées aux sociétés
s'occupant d'objets politiques. A cette organisation néga-
tive , il s'agit d'ajouter encore une organisation positive qui
en découle nécessairement ; car il n'est pas question d'un
nouveau droit à concéder , d'une nouvelle institution à
créer ou ressusciter : il s'agit tout simplement d'organiser
le mode juste et régulier de l'exercice d'un droit dont aucune autorité ne peut arbitrairement priver les citoyens
françois ; il s'agit de chercher comment on rappellera à l'ordre , comment on supprimera celles de ces sociétés qui se

placeroient dans l'un des cas prévus par la constitution, qui s'écarteroient du respect dû aux lois et à l'autorité publique, d'après l'instigation de ces royalistes qui prennent toutes les livrées, parlent successivement toutes les langues, professent toutes les doctrines, se cachent sous tous les masques, suivant les lieux, les tems et les circonstances, pour perdre la république, et sur-tout ce petit nombre d'hommes précieux et invariables qui ne cèdent à aucune tourmente, font tête à tous les orages, et restent imperturbablement au centre des vrais principes, malgré les vents contraires de toutes les factions.

Ces sociétés, resserrées dans les limites d'une loi sagement répressive, dirigées par des instructions calquées sur les lois, seront des leviers puissans pour seconder l'action de l'administration, dont elles doivent être l'instrument plutôt que le régulateur. C'est dans ses foyers de patriotisme que les citoyens s'animeront à la défense de l'Etat, qu'ils indiqueront les moyens de faire partir les conscrits, de trouver des armes, d'étouffer les germes de contre-révolution que le vent de la réaction souffle dépuis quatre ans constamment sur la république. C'est-là qu'on verra renaître cet enthousiasme des vertus républicaines, depuis si long tems éteint et comprimé, et qui n'attend qu'un mot de votre part pour renaître, pour paroître encore, non pas avec cet appareil destructeur qui fut nécessaire pour renverser le despotisme, mais avec ces principes vivifians et conservateurs, dont vous ne pouvez plus vous passer, si vous voulez sérieusement prévenir le dernier période de cette consomption dont on a empoisonné le corps, jadis si vigoureux, de la république. Au moment où des partis qui veulent faire la guerre civile se forment, où vous êtes menacés d'une invasion prochaine, où mille coupables manœuvres se développent de toutes parts, pouvez-vous raisonnablement vous dispenser d'organiser une institution que vous ne pouvez prohiber, et qui est, dans le moment présent, une de vos plus précieuses et raisonnables espérances de salut?

La restauration de l'esprit public, dans l'intérieur, nous a paru devoir être l'effet naturel et constitutionnel de la liberté de se réunir, de la liberté de tous les cultes, de l'absence de tout arbitraire dans l'application des mesures de gouvernement, du rappel de tous les patriotes dans les fonctions publiques, et dans toutes les branches de l'administration civile et militaire, de l'éloignement de tous les royalistes, et de tous les individus nuls, équivoques ou chancelans; de l'octroi de quelques secours aux pensionnaires et aux rentiers, mais sur-tout aux défenseurs de la patrie retirés pour cause de blessures, et aux veuves et orphelins de ceux qui sont morts glorieusement aux champs de l'honneur, et des républicains assassinés par les Autrichiens de l'intérieur; de l'oubli de toute idée qui tendroit à aggraver la misère du peuple par la taxation de ses premiers besoins; du rappel des militaires de tout grade injustement destitués ou sortis volontairement des armées, de la justice administrée à tous les citoyens sans acception de personne; de la garantie de tous les droits, puissant véhicule à l'accomplissement de tous les devoirs.

L'un de ces droits est, sans contredit, la liberté des cultes. Cette liberté est, de toutes celles de la société, la plus irritable, et qui supporte, avec moins de patience, la contradiction. Dès l'origine de la révolution, les prêtres qui ont voulu, au nom du ciel, stipuler les intérêts des rois, se sont éternellement séparés de la chose publique en refusant de se soumettre aux lois nouvelles; et, depuis cette époque, plusieurs de ceux qui s'étoient liés à elle par d'imperturbables sermens, les ont retracés.

D

Voilà les éternels, les incorrigibles, les implacables, les dangereux ennemis de la République. Voilà ceux que nous sommes obligés de vous signaler comme les artisans de tous les troubles civils et domestiques, les disséminateurs de tous les poisons qui tuent l'esprit public, les fauteurs de toutes les discordes dans la république ; et toutes les fois qu'un parti a voulu la détruire, on les a vus se montrer avec impudence, ou se cacher avec artifice, jusqu'au moment où ils pensoient que la tête de leurs sectaires étoit assez échauffée pour les armer d'un glaive sacré, et les envoyer à de pieuses boucheries.

A côté de ces individus qui ont renoncé à la cité, et même à l'humanité entière, pour se constituer en une sorte de frénésie encore plus politique que religieuse, sont les prêtres républicains, qui, depuis huit ans, ont tenu leurs sermens au péril de leurs vies, et qui ont supporté et supportent encore le fardeau de la misère et de la proscription dont les factions les ont tour-à-tour accablés.

La distinction de ces deux classes fut faite avec justice, et sans aucun arbitraire, par les lois de 1792 et 1793.

Mais, au milieu de beaucoup de choses heureuses qui signalèrent le 18 fructidor, on commit cette faute de confondre ces deux classes dans un seul et même article, qui a permis au Directoire exécutif de déporter, par des arrêtés motivés, les prêtres qui troubleroient l'ordre public.

C'est ainsi qu'on a mis hors la loi ceux qui dans les campagnes en étoient les plus fervens appuis ; et une secte nouvelle s'étant élevée, une nouvelle institution ayant été créée, on a considéré comme perturbateurs de l'ordre public, ceux qui ne suivoient pas le nouvel étendard religieux, et qui ne moduloient pas toutes leurs pratiques ecclésiastiques sur le moule de la nouvelle institution. La rage de poursuivre les républicains et tous les hommes à caractère , sous le nom d'anarchistes , ayant de nouveau saisi le Directoire exécutif, on a trouvé avec abondance et facilité , dans le système que cette rage avoit mis à la mode , un texte large de proscription contre les prêtres assermentés , travestis en anarchistes. Il n'y a pas jusqu'aux administrations , qui, se saisissant du droit accordé au Directoire seul , et qu'il ne lui étoit pas permis de déléguer , n'aient lancé des mandats d'arrêt contre les prêtres républicains , et qui, pour singer jusqu'au bout l'ordre judiciaire , ne leur aient fait subir des interrogatoires , et converti quelquefois leurs prétendus mandats d'arrêt en mandats d'amener. Ainsi, cette classe de citoyens très-influens, et qu'il importoit conséquemment de ménager , a été livrée à toutes les inquisitions , à toutes les proscriptions qui sont toujours le triste fruit de l'arbitraire et de l'absence d'une justice régulière. C'est en vain qu'on a fatigué la police de réclamations à ce sujet ; elle les a froidement accueillies , ou n'y a pas fait droit. Et qu'est-il arrivé ? Les prêtres assermentés étant proscrits , les prêtres réfractaires sont revenus prendre leurs places , et ont de nouveau excommunié les acquéreurs de domaines nationaux , les fonctionnaires publics qui ne fréquentoient pas leurs cavernes sacrées , et tous ceux qui ont assez de bon sens pour penser que les institutions civiles suffisent pour constater les actes de l'état civil, et qu'ils peuvent bien se passer des opérations magiques dont une longue habitude avoit fait une loi , mais dont l'éternelle raison fait voir l'imposture et l'inanité. De plus , il est résulté de ces proscriptions un grand mécontentement dans l'ame de tous ceux que leur éducation attache à ce culte , et que leurs principes attachent à la République , qui faisoient des vœux impuissans pour conserver l'un et l'autre , et qui voyoient leurs temples fermés , leurs ministres proscrits , l'exercice ostensible de leur culte interrompu , par un arbitraire réprouvé par la constitution.

Il s'agit donc de se rattacher une classe nombreuse qu'on s'est imprudemment aliénée , en concentrant la peine de déportation sur les prêtres connus sous le nom de réfractaires , en les laissant sous le poids des lois de 1792 et 1793, et en faisant rentrer les prêtres assermentés dans le droit commun , et sous le régime des lois qui régissent la police des cultes.

Il restoit à organiser législativement les mesures militaires propres à sauver nos frontières des invasions dont elles sont menacées. Ces mesures , concertées par les premiers généraux de l'Europe , ne peuvent paroître sous de plus heureux auspices , ni offrir à l'espérance une plus vaste carrière.

Tous les projets de résolution dont j'ai présenté ici très-rapidement les germes , vous seront , sans délai , apportés à cette tribune.

Rien d'heureux ni de vraiment populaire n'a été possible, ni même proposable , sous un Directoire dont il ne falloit pas irriter la violence , et qui , familier avec les coups d'état , étoit capable de perdre en un jour la représentation nationale et la République , avant qu'elle eût trouvé et organisé les moyens propres à les défendre et à les sauver.

L'heureuse crise du 30 prairial a sauvé l'une et l'autre ; et du sein de cet orage passager que la constitution a dirigé et régularisé, il est sorti un nouveau Directoire vigoureux , armé de toutes pièces contre les ennemis de la République ; et cette victoire politique , qui change totalement le système d'exécution , sera la cause , et peut déjà être considérée comme le présage des victoires militaires que le zèle de tous les citoyens facilitera , et que le courage de nos armées réalisera.

Il faut que nos amis et nos ennemis sachent que la plus parfaite harmonie règne entre les deux principales autorités, et qu'aussitôt que la tête qui conçoit parlera, le bras qui donne le mouvement agira. C'est par la dictature que tout s'est dégradé et perdu ; c'est par la liberté que tout va être ranimé et sauvé. Les républicains injustement destitués, vont être rappelés ; la partie de la nation la plus vigoureuse en patriotisme, va être remise par-tout en activité ; et cet élément dont la force est incalculable, et dont le gouvernement ne cessera de régulariser l'action, étonnera encore une fois l'Europe par son énergie, et par la prudence qui résulte des leçons du passé. Jamais plus grand spectacle ne s'est offert aux yeux des nations : le désespoir d'une coalition encore puissante, aux prises avec un peuple qui se réveille d'un assoupissement de plusieurs années. Le Corps législatif a vaincu, le 30 prairial, c'est aux armées à vaincre dans les camps, et aux patriotes à vaincre dans l'intérieur. Nous leur jurons fidélité, c'est à eux à nous jurer la victoire.

François, accourez dans les camps ; allez défendre, les armes à la main, vos familles, vos propriétés, et préférer les palmes glorieuses de la victoire, à la mort, à la servitude que vous préparent les barbares ; sauvez-vous, sauvez cette grande République de la rage d'ennemis féroces qui ne connoissent que l'incendie, la rapine et la mort. Ils feroient un désert de cette terre sacrée, ils renverseroient vos temples, brûleroient vos maisons, pilleroient vos récoltes, égorgeroient ceux à qui vous dûtes le jour, et ceux à qui vous le donnâtes ; et vous demeureriez sur la terre, comme des êtres abandonnés, sans asile, sans famille, sans patrie, versant d'inutiles pleurs sur des pertes désormais irréparables : mais si vous vous montrez, vos ennemis seront terrassés. Des sujets accoutumés à porter des chaî-

nes , ne pourront se mesurer contre des citoyens libres ,
dont la glorieuse destinée est de les briser toutes. Il ne
s'agit plus de porter les armes dans des contrées lointaines :
il s'agit de vous défendre personnellement sur votre territoire, pour ainsi dire , en présence de tout ce que vous
avez de plus cher et de tout ce qu'on veut vous ravir. Partez,
et dans peu de jours, et dans une seule campagne, vous
reviendrez , au sein de vos foyers, jouir du plaisir d'avoir
sauvé votre patrie, vos familles , vos propriétés.

Citoyens représentans, il existe actuellement un Directoire exécutif revêtu de la confiance nationale. Quelle que
soit la pureté des motifs de votre commission , et son éloignement pour toutes les mesures *extra constitutionnelles* ,
son existence trop long-tems prolongée pourroit devenir
pour les esprits ombrageux , un motif ou un prétexte d'inquiétude : elle vous proposera elle-même sa propre dissolution dans le cours d'une décade, et aussitôt que les
projets de loi qu'elle a conçus vous auront été présentés.

*LOI définitive et sanctionnée par le Conseil
des Anciens, qui ordonne la levée sur le champ
des conscrits de toutes les classes. Peine portée
contre ceux qui ne rejoindroient pas. Confis-
cation des biens des déserteurs ou fuyards.
Formation d'une armée auxiliaire dans l'intérieur de la République. Emprunt de cent
millions. Classe des citoyens sur lesquels cette
somme sera levée.*

Au nom de la commission des onze, Jourdan (de la
Haute-Vienne), à la suite d'un rapport dans lequel il ne

dissimule pas les dangers de la patrie, mais où il dit que les ressources des François sont grandes, propose l'adoption d'un projet, portant une amnistie générale pour tous les conscrits et réquisitionnaires qui n'auroient pas encore rejoint, et pour tous les soldats et officiers déserteurs à l'intérieur, même ceux contre qui il auroit été porté un jugement, et peine de mort pour tous les conscrits, réquisitionnaires et tous militaires quelconques, qui ne rejoindroient pas dans le délai qui sera prescrit, ou qui, après avoir rejoint, déserteront de nouveau.

Le même projet porte que la République s'emparera de tous les droits qu'avoient à succéder les réquisitionnaires n'ayant pas rejoint ou ayant déserté à l'étranger.

Dans son rapport, Jourdan a annoncé que la mesure de faire rejoindre tous les conscrits et réquisitionnaires, ainsi que l'envoi des troupes de l'intérieur aux frontières, nous mettront dans un état de forces assez imposant pour résister à l'ennemi, et même pour reprendre l'offensive. Cependant il observe que la commission s'occupe de prendre des moyens pour organiser une armée auxiliaire qui, se tenant dans l'intérieur, se portera, dans les cas urgens, par-tout où besoin sera.

Nos dangers sont grands, sans doute; mais nos ressources sont plus grandes encore. Nous n'en serions pas réduits à cette extrémité, si les hommes chargés de diriger la force armée n'eussent pas tout désorganisé. Pour faire cesser ces dangers, il faut que les républicains s'arment : il faut que les personnes dont les fortunes sont menacées, contribuent aux frais de la guerre. Voici le projet que je suis chargé de vous présenter, et que je vous propose de décréter en principe.

Le Conseil des Anciens, adoptant les motifs de la déclaration d'urgence qui précède la résolution ci-après, reconnoît l'urgence, et approuve la résolution suivante :

ART. I. Les conscrits de toutes les classes qui n'ont pas encore été appelés aux armées actives par les lois précédentes, sont mis en activité de service.

II. Ils seront organisés en bataillons ou compagnies.

III. Ces bataillons ou compagnies seront habillés, armés ou équipés, dans les départemens où l'organisation sera faite.

IV. Les officiers et sous-officiers seront choisis parmi les surnuméraires et réformés.

V. Il sera envoyé des compagnies franches dans les départemens de l'Ouest.

VI. Il sera affecté une somme de cent millions à la dépense qu'exigent les mesures qui font l'objet des dispositions précédentes, à l'approvisionnement des places, à l'armement et à l'équipement des conscrits appelés par les précédentes.

VII. Ce fond sera fait par la voie d'un emprunt.

VIII. La classe aisée des citoyens sera seule appelée à remplir cet emprunt.

La cotisation à l'emprunt sera progressive.

X. Les domaines nationaux invendus sont affectés au remboursement de l'emprunt.

De l'Imprimerie place du Carrousel, n°. 527.

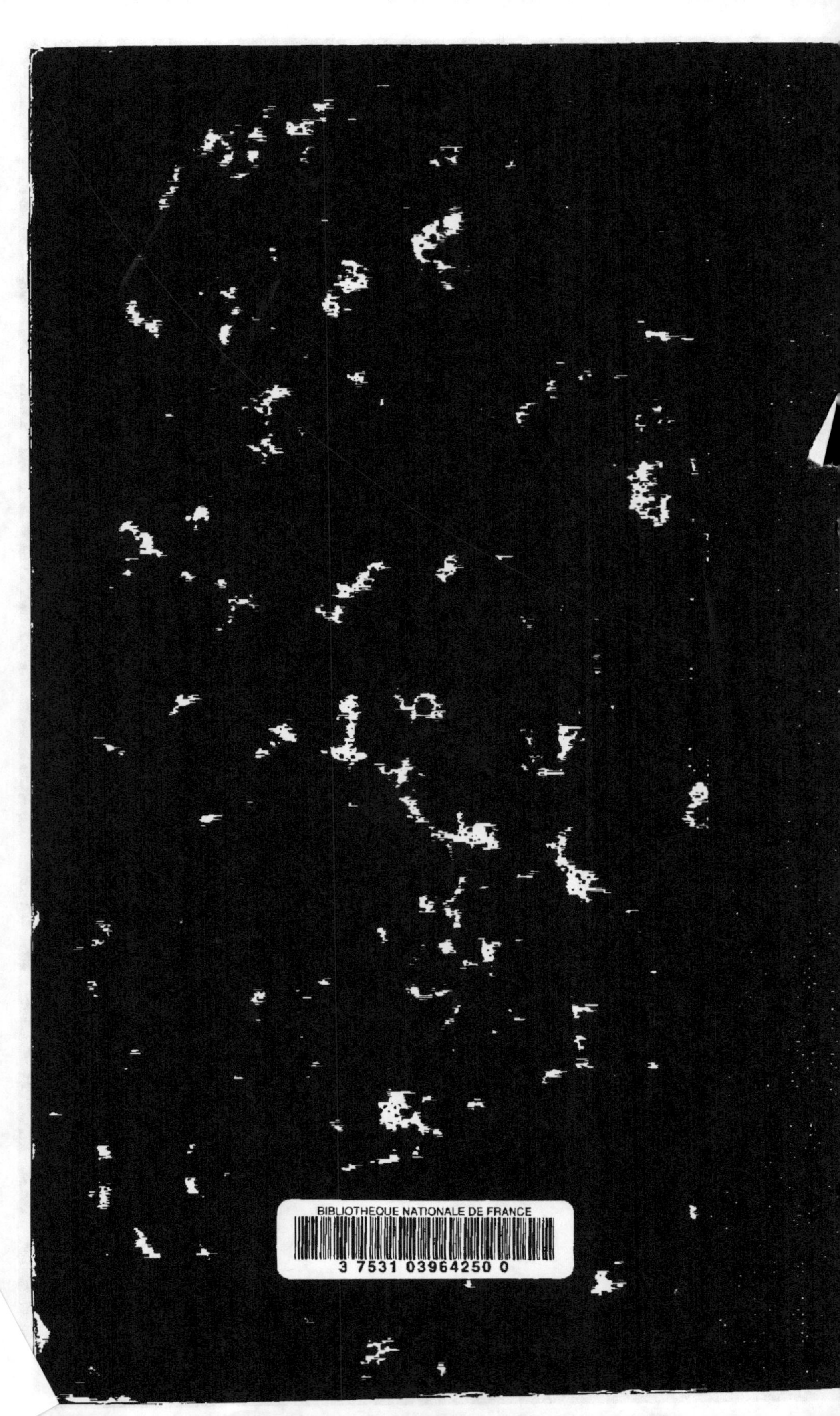
BIBLIOTHEQUE NATIONALE DE FRANCE
3 7531 03964250 0